Wiviane Leandra Oliveira Duarte Cardoso
Marcelo Chevrand

A Cruz de Cristo

Wiviane Leandra Oliveira Duarte Cardoso
Marcelo Chevrand

A Cruz de Cristo

O ponto de partida para o processo de Santificação

CREDO EDICIONES

Cover image: www.ingimage.com

Publisher:
CREDO EDICIONES
ist ein Imprint der / is a trademark of
International Book Market Service Ltd., member of OmniScriptum Publishing Group
17 Meldrum Street, Beau Bassin 71504, Mauritius

Printed at: see last page
ISBN: 978-613-2-56238-8

A CRUZ DE CRISTO
O PONTO DE PARTIDA NO PROCESSO DE SANTIFICAÇÃO DO CRISTÃO

Wiviane Leandra Oliveira Duarte Cardoso

Marcelo Chevrand

SUMÁRIO

DEDICATÓRIA

Dedico esta obra a minha querida família e aos meus pais Maurício de Assis Duarte (In Memória) e a Maria Madalena Oliveira Duarte

Wiviane Duarte

Dedico esta obra a minha família, meus amigos e irmãos que em muito nos incentivaram e apoiaram.

Marcelo Chevrand

PRÉFACIO

Enquanto que para Friedrich Wilhelm Nietzsche (1844-1900) a cruz seria um símbolo oposto ao dionisíaco e a superação do homem, uma vez que o discurso do crucificado representaria certa negação da vida, entendendo que, "quando se coloca o centro de gravidade da vida, não na própria vida, mas no além – no nada – na verdade se retirou da vida seu centro de gravidade" (NIETZSCHE, 2014, p. 97). Ninguém melhor que Paulo o grande desafeto de Nietzsche, para colocar em xeque essa visão tenebrosa da cruz.

Para o apóstolo dos gentios, a cruz era a base da mais profunda satisfação e superação, uma vez que somente por ela, cantava, "Mas longe esteja de mim gloriar-me, a não ser na cruz de nosso Senhor Jesus Cristo, pela qual o mundo está crucificado para mim e eu, para o mundo" (Gl 6.14). Provavelmente, o que era válido para os gregos também seria para o filósofo da morte de Deus, ou seja, "a palavra da cruz é loucura para os que perecem; mas para nós, que somos salvos, é o poder de Deus" (1Co 1.18).

Os tempos tenebrosos que levaram à Reforma Protestante no século XVI conduziram os reformadores magisteriais principalmente Lutero de volta à cruz. Lucien Febvre (1878 -1956) um dos precursores da História Cultural ao se debruçar sobre as biografias e as obras originais do reformador alemão, saiu em sua defesa contra o padre Denifle que propunha uma desconstrução de sua memória. Um dos argumentos de[1]Febvre (2012, p. 86) era que não haveria razões para se duvidar das intenções de Lutero, uma vez que de 1505 a 1515, acima de tudo o que o agostiniano mais queria, era ser salvo. Lutero inicialmente não tem interesse por uma reforma externa, seu interesse imediato é ele mesmo.

Não é sem razão que sua Teologia da Cruz assume grande relevância, porque a cruz é seu ponto de partida. Diferentemente de seus pares na Suíça ou em Genebra, não havia inicialmente um interesse em reformar as instituições sociais como o Estado ou a própria igreja, aliás, nesse aspecto era muito conservador. O que importa nessas linhas seria a constatação de algo extraordinário, um motivo catalizador e propulsor para ações que desencadearam o que historicamente ficara conhecida como umas das balizas da modernidade, a Reforma Protestante.

Impulsionado por sua fé, o Lutero após 1515 de Erfurt à Wittenberg logo provocará um movimento com resultados sem precedentes na história. Se Marshall McLuhan (1911-1980) estiver certo, o Estado-Nação nasce e se desenvolve a partir desse contexto, com a uniformização das línguas vernáculas e consequente difusão da escrita cujo marco fora a prensa móvel de Gutenberg. Nesse sentido, a providência guia até mesmo os influxos humanistas emquebebemosReformadores, permitindo um retorno *ad fontes,* aos clássicos latinos e gregos incluindo as Escrituras.

A consequência imediata desse movimento se verifica então na profusão cultural viabilizada pelos impressos, na organização do Estado-Nação, algo que McLuhan tratou em sua [2]A Galáxia de Gutenberg (1977). Talvez aqui seja possível compreender o que afirmou [3]Bonhoeffer (2017, p. 59) que "na cruz a plenitude da ordem estatal é dada", ou seja, para o teólogo alemão, o Estado cumpre funções quase proféticas, uma vez que por meio dele, a justiça e a ordem são aplicadas, sendo que na cruz, isso seria levado às últimas consequências encontrando portanto, seu clímax.

Certamente isso se torna ainda mais claro quando se entende o valor da Cultura e do Estado também na teologia reformada. Enquanto o Estado é possibilitado pela graça comum como meio para a o refreamento do pecado e aplicação da justiça, a cultura muito embora, manchada pelos efeitos da queda, pode ser redimida para a glória de Deus. Os efeitos da cruz são plenos, duradouros e totalizantes, uma vez que todo o cosmos foi afetado pela redenção e o será na consumação, onde se efetuará o propósito de Deus em "tornar a congregar em Cristo todas as coisas, na dispensação da plenitude dos tempos, tanto as que estão nos céus como as que estão na terra" (Ef, 1.10). A essa altura, se percebe o elevado valor da cruz para o cristianismo em suas muitas tradições, não é sem razão que o ícone da cruz vazia é seu maior símbolo.

Em grande medida, é isso que fazem os autores desse livro, a especialista em Teologia Sistemática Wiviane Leandra e o professor Marcelo Chevrand. Os autores desvelam desde as primeiras linhas até o desfecho de sua eloquente defesa da cruz, sua importância e centralidade para a vida de fé, inclusive cotidiana ao longo da caminhada cristã no que entendem como "processo de santificação".

Isso nos faz lembrar do clássico de John Bunyan (1628-1688), [4]*O Peregrino*, cujo Protagonista o Cristão, tem seu fardo aliviado somente quando em seu encontro com a cruz, onde, "caiu-lhe das costas e, tombando, foi descendo até a entrada do sepulcro onde caiu, e não mais o enxerguei" (BUNYAN, 2006, p. 59).

[5]Mark Noll (2004, p. 18) já nos fez contundentes advertências sobre alguns desafios da igreja contemporânea onde o espírito consumista transmutou a mensagem do evangelho na medida em que,

> Um cristianismo 'terapêutico' que me ajuda a criar meus filhos, renovar minha vida sexual e desenvolver todo meu potencial substituiu o cristianismo mais antigo e doutrinário, que se preocupava com questões relativas a Deus, ao pecado, à salvação e à cruz.

Nestes tempos em que se insinua por todos os lados receitas variadas para o crescimento da igreja, a exemplo do coaching ministerial ou programas de marketing digital, urge um retorno à cruz. Para isso temos os exemplos iniciais com a Reforma Protestante, o ponto de partida de todo cristão e da igreja. Se a cruz for nossa visão mais radiante, as trevas desses dias tão obscuros se dissiparão. Que seja, portanto, outro retorno *ad fontes*, um retorno às Escrituras e à cruz. Como diziam os jesuítas, *Ad majorem Dei gloriam*!

Fábio de Sousa Neto

Goiânia, Julho de 2019

Graduado em História (PUC-GO), Especialista em Teologia Sistemática (FASSEB), Historiador e pesquisador cadastrado no Centro de Estudo do Movimento Pentecostal (CEMP) na matriz da CPAD no Rio de Janeiro. Discente no programa do Mestrado em História da PUC-Goiás onde desenvolve pesquisa sobre o Campo Religioso Brasileiro. Atua como professor na Faculdade Assembleiana do Brasil e como Pastor dirigente da Assembleia de Deus no Jd. Alphaville Campo de Campinas, Goiânia.

INTRODUÇÃO

Muito se tem falado, pensado, cantado sobre a santificação. Muitas fórmulas se nos tem apresentado para uma vida santa, separada e que agrade a Deus.

Diante de muitas fórmulas, alvos, ensinamentos, dogmas, doutrinas, onde no processo de santificação do cristão, tem espaço para o papel da cruz como ponto de partida para uma vida santa, que frutifique agradando a Deus?

A presente obra tem como objeto de estudo a importância da cruz de Cristo no processo de santificação do cristão. Com isso, busca-se dar respostas à seguinte problemática: Qual a relevância da cruz de Cristo no processo de santificação?

Na tentativa de solucionar a questão apresentada, buscou-se esclarecer a importância e os resultados da obra realizada na cruz por Cristo para a salvação da humanidade e para o processo de santificação, analisar essa relação em perspectiva bíblica e apontar os efeitos da aplicação prática do sacrifício de Cristo no que diz respeito à vida cristã diária.

A metodologia utilizada para o desenvolvimento do estudo foi a pesquisa bibliográfica. Utilizou-se a Bíblia e diferentes referenciais teóricos que sistematizaram a temática em uma proposta para reflexão bem como, análises exegéticas de textos do Novo Testamento para um esclarecimento através dos termos originais (grego) onde abordamos especialmente concepções do apóstolo Paulo e do próprio Jesus Cristo.

Ao final destas reflexões, depreendeu-se que o processo de santificação, implica em uma ação divina poderosa e transformadora realizada inicialmente no interior do ser humano que resulta em uma mudança radical na natureza, no caráter, nas ações e na forma de viver do cristão.

Não há nenhuma intenção de encerrar este nessas linhas deste livro mas, cok o objetivo de aguçar o interesse sobre o assuntos aos nosso leitores e que outros possam somar nessa fileira contribuindo para que todos possamos crescer na graça e no conhecimento, entendendo, e acima de tudo, vivendo essa vida da cruz, de forma digna, relevante e que produza friutos para a vida eterna.

1 - A IMPORTÂNCIA DA CRUZ NO PROCESSO DE SANTIFICAÇÃO

Antes de apresentar uma abordagem acerca da importância da cruz de Cristo no processo de santificação, faz-se necessário apresentar uma breve exposição acerca do significado do termo santificação à luz das Escrituras.

A santificação é um dos muitos aspectos da Salvação. A Salvação é a aplicação da obra de Jesus Cristo à vida dos pecadores (Ef 2:8-10).

A oferta de salvação pressupõe a plena corrupção do ser humano e sua incapacidade de, por seu próprio esforço, aproximar-se de Deus e agradá-lo. Ao mesmo tempo, essa oferta pressupõe o Deus de amor que por sua soberana vontade decide, graciosamente, ir ao encontro do pecador, a fim de restaurá-lo à comunhão com consigo.

Quando alguém recebe graciosamente a Salvação, experimenta em sua vida, simultaneamente, todos os aspectos relacionados a ela: a Conversão; a Regeneração; a Justificação; a Adoção; a Santificação; a Perseverança e a Glorificação.

Santificar, de acordo com as Sagradas Escrituras, significa "tornar santo" ou "ser feito santo" (WILLIAMS, 2011). Santificação trata de uma condição ou estado legal diante de Deus em que ele nos declara/torna "santos" em Cristo Jesus.

Na palavra santificação temos, muito claramente, a expressão destas duas idéias: a de uma relação especial com Deus e de um caráter santo.

Santificação quer dizer, então, uma relação especial com Deus e a realização de um caráter de acordo com essa relação.

Ao mesmo tempo, esse termo aborda um aspecto dinâmico e processual da vida cristã em que Deus nos "faz santos" no dia-a-dia, ou seja, nos transforma paulatinamente à imagem do seu filho Jesus. O aspecto dinâmico ou processual da santificação começa no momento em que somos regenerados e nos acompanha durante toda nossa vida.

Santificação que é um processo de crescimento que tem seu ponto de partida na obra redentora em Jesus, na cruz do calvário, sendo assim uma *obra integral*, isto é, não é obra superficial ou parcial no homem de Deus (1ª Co 6:12-20), mas também, uma *obra progressiva*, é o dia a dia em processo de transformação.

Para ocorrer uma mudança na vida cristã é importante saber que a santificação é um processo de separação para Deus, e que nesse processo o Espírito Santo desenvolve no novo homem a imagem de Cristo e o aperfeiçoa para praticar boas obras..

Na busca pela santificação o cristão também dispõe de três importantes meios que são: *o sangue de Cristo* que foi derramado em amor à humanidade. Outro meio de santificação é o *Espírito Santo* que realiza a santificação interna. Ninguém é limpo da culpa do pecado e reconciliado com Deus por Cristo sem ser santificado pelo seu Espírito.

Por último, e não menos importante, destacamos a posição da *Palavra de Deus* e *do próprio Cristo,* entendendo que Ele é quem purifica a igreja por meio da lavagem de água pela Palavra, a partir do momento que o indivíduo a recebe, se arrepende e crê em Cristo.

A cruz de Cristo tem um papel muito importante no processo de santificação do ser humano.

Guthrie (1984) aborda três aspectos da cruz de Cristo, sendo que dois destes aspectos são instantâneos e um gradual (Figura 1).

Figura 1: Os três aspectos da cruz de Cristo

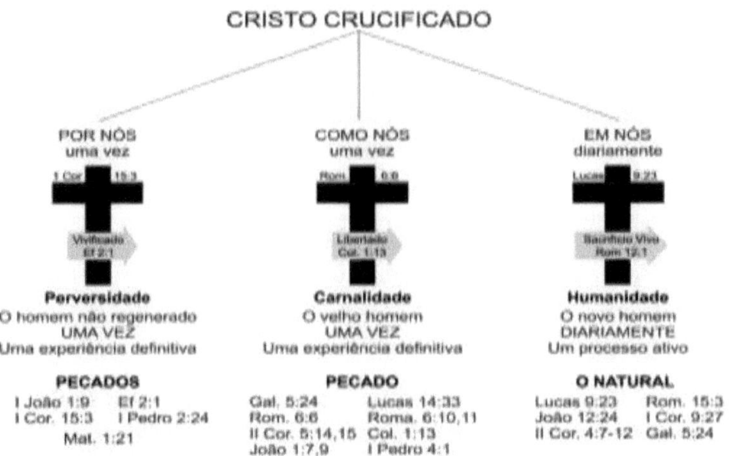

Fonte: Guthrie (1984).

<u>*Cristo crucificado por nós*</u> é o primeiro aspecto. Ele é o substituto.

Esse aspecto fala sobre o não cristão, onde a cruz de Cristo pode ser para essa pessoa, o símbolo, o caminho possível ao perdão, à regeneração e à santificação. As pessoas que estão mortas em seus delitos e pecados são convencidas pelo Espírito Santo a confiar na cruz de Cristo (Ef 2:1), obtêm a seu favor todo o benefício do Cordeiro imolado, fiel substituto, essa é uma ação instantânea.

<u>*Cristo foi crucificado como representante*</u> é o segundo aspecto.

Ele possibilita a libertação do poder do pecado com a plenitude do Espírito Santo. (Rrm 6:6; 2ª Co 5:14-15)

<u>*Cristo crucificado em nós*</u> *é o terceiro aspecto*, isto é, o novo homem

A cruz diária é para o controle de nossa vida, é o viver para Cristo, é o processo de morte e vida diariamente, segundo Sproul (2007): “A cruz se mantém no próprio centro da vida cristã”, a cruz é a porção diária na vida do cristão, não pode ser apenas um símbolo mas, uma realidade experimental diária do cristão.

Uma realidade que leva o viver cristão para que diariamente ele "ande" em "novidade de vida" (Rm 6:4).

Algumas expressões que encontramos neste texto de Romanos 6:4 são de importância na concepção paulina.

Primeiro a expressão é o verbo "*ANDAR*" que no grego é peripate/w

(peripatéo). Primeiro encontramos o prefixo peri (perí) preposição que significa "*ao redor de*","*concernente a*", "*em todos os lados*". Sua força reside no fato de *permanecer resoluto e firme* "ao redor de".

Qual o alvo da aplicação desta preposição? Paulo conclui que os cristão deveriam manter-se resolutos e firmes no "caminho". O termo grego pate/w (patéo) que indica o "*caminho", "o curso", "a trajetória", "a vereda"*, isto é, "*para manter firme e resoluta a caminhada e a conduta desta vida."*

Os cristãos em Roma estavam sendo desafiados a viverem resolutos e firmes nessa trajetória que Deus havia preparado para cada um deles em Cristo através de Sua morte na cruz: "*Novidade de vida*".

A palavra "*novidade*" vem do grego kaino/j (kainós) que significa "*novo em espécie*" Mt 26:28-29; "*recentemente feito*" (Mt 9:17); "novo em mais alta qualidade" (2ª Co 5:17 "tudo se fez novo, em alta qualidade").

A salvação proporciona o andar em *novidade de vida* e a santificação é a *qualidade*, a *entrega*, é "velho ego crucificado" na cruz de Cristo, é o estilo de vida inserida em tudo aquilo que de Deus advém como o *novo, recentemente feito e preparado para se viver, e* viver *diuturnamente* essa novidade, para que cada dia o cristão seja diferente.

Para Guthrie (1984) a santificação proporciona resultados positivos que elevam o nível espiritual do cristão dando-lhe total comunhão com Deus. Os resultados da santificação são frutos de uma vida santa, uma vida que expressa poder de Deus e intimidade com ele.

O cristão que vive em santidade abomina o pecado, por causa da sua nova natureza caracterizada pela santificação, sua participação na própria natureza de Deus e, por isso, ele repudia o pecado (1ª Pe 1:16). "Pois está escrito: Sede santos, porque eu sou santo".

A santificação transforma o homem em sua totalidade, ou seja, no entendimento, na vontade, e na consciência.

Sobre o entendimento, Jesus ressalta no texto de Jo 6:45: "está escrito nos profetas: serão todos ensinados por Deus. Todo aquele que ouve o Pai, e aprende dele, vem a mim"

Sobre a vontade, Paulo deixa a ordem em Rm 12:1-2:

a) Apresentar corpos por sacrifício vivo, santo e agradável a Deus

b) Não se conformar com este presente sistema mundano

Essa não conformação ou inconformação aponta nas seguintes direções:

Inconformados com uma vida cristã apática

Inconformados com o pseudo-compromisso cristão

Inconformados com a letargia espiritual

Inconformados com relacionamentos superficiais com o reino de Deus

Inconformados com incoerência do falar e o viver

c) *Transformar* (gr. meqamorfh= metamorfê - metamorfoese isto é, *mudança de natureza*) pela renovação da mente.

d) Assim, somos capazes de *experimentar* (gr. dokima/zw – dokimázo) - tem sido traduzida também por «provar», «fazer real», «conhecer certamente» isto é ter um conhecimento fidedigno da vontade de Deus que, tem que ser a vontade do cristão.

Por último, a transformação ocorre na *consciência*, onde "todas as coisas são puras para os puros, mas nada é puro para os corrompidos e descrentes".

Antes a sua mente e a sua consciência estão contaminadas, onde Tito 1.15 explica que cria nele uma disposição mental reprovável ao pecado, e, não é da natureza do santo se associar às ações pecaminosas.

Por isso, Paulo exorta os crentes de Éfeso a não andarem ou imitarem aos gentios "andando na vaidade de seus pensamentos", ao contrário, eles deveriam revestir-se do novo homem, esse que odeia ao pecado, mas que, foi criado segundo a justiça e retidão que procede da verdade em Cristo.

O autor da epístola aos Hebreus no primeiro capítulo versículo 9 diz: "amaste a justiça e odiaste a iniquidade [...]" Essa atitude deve fazer parte da natureza do santo, "os que amam não tem alternativa senão odiar a iniquidade".

Este ódio ao pecado resume no que o apóstolo nos fala em Gálatas 6:14, a "crucificação do mundo para nós" e "a nossa crucificação para o mundo".

Tasker (1984) fala sobre o total apego às coisas divinas quando afirma que a santificação leva o cristão a uma total entrega a tudo que se relaciona às questões celestiais. Ele se afasta de tudo que é pecaminoso e se autossacrifica (Rm 12:1,2), "portanto, rogo-vos, irmãos, pela compaixão de Deus, que apresenteis os vossos corpos como sacrifício vivo, santo e agradável à Deus, que é o vosso culto racional. E não vos conformeis com este mundo, mas transformai-vos pela renovação do vosso entendimento, para que experimenteis qual seja a boa, agradável perfeita vontade de Deus".

O cristão recorre às coisas divinas e deixa para trás o peso do pecado e olha somente para o autor e consumador da sua fé. "Portanto, visto que nós também estamos rodeados de tão grande nuvem de testemunhas, deixemos todo embaraço, e o pecado que de tão perto nos rodeia, e corramos com perseverança a carreira que nos está proposta" (Hb 12:1,2).

Outra vez o apóstolo Paulo enfatiza sobre uma verdadeira dedicação, um apego às coisas de Deus como resultado da santificação. O apóstolo Paulo se despoja do passado, da sua posição, sua raiz genealógica, suas práticas religiosas que o levava a pecar, que o condenava e, passou a se identificar com as coisas de Deus: "... mas considerei tudo perda por causa de Cristo" (Fp 3:7).

O resultado da santificação, é que ela cria no crente uma sede insaciável das coisas de Deus, ele só se satisfaz com as coisas divinas, como escreveu o apóstolo Paulo aos colossenses: "Portanto, se fostes ressuscitados com Cristo, buscai as coisas que são de cima, onde Cristo está assentado à destra de Deus. Pensai nas coisas que são de cima, e não nas que são da terra. Pois morrestes, e a vossa vida está oculta com Cristo em Deus" (Col 3:1,2,3).

O triunfo final de Deus sobre o reino da maldade é um grande motivo para se ter fome e sede das coisas de Deus, que o motiva a praticar a justiça e a retidão. Todos têm a crescente satisfação de saber que estão avançando e não bloqueando os propósitos de Deus.

A consciência é outro alvo da santificação. A consciência segundo Aurélio (2018) é: "*Faculdade de a razão julgar* ***os próprios atos****. Estado do sistema nervoso central que permite* ***pensar****,* ***observar*** *e* ***interagir*** *com o mundo exterior.*"

Diante destas definições, passamos a entender que o cristão, no processo de santificação, tem a sua consciência controlada princípios de Deus para julgar seus próprios atos, para refletir, analisar e decidir sobre suas interações com as coisas de Deus.

A consciência, como diz o ditado popular, tem voz e fala. Segundo White (1984, p 23-24) caracteriza a consciência de muitas pessoas como:

> [...] uma voz irritante que avosa para não fazerem algo, um sentimento inexplicável que tem de ser reprimido, enganado ou ignorado. A consciência fala nas horas mais inadequadas. Desfaz os planos, os mais bem elaborados. Não deixa dormir em paz. Anos depois de um ato praticado ou de uma palavra dita, a nossa consciência insista em avivar a memória de tal feito. [...] Para o cristão a consciência é o recurso mais valioso, junto à Bíblia, para determinar os desígnios divinos em qualquer situação.

Desafiados a terem uma consciência dentro dos padrões bíblicos, no que diz respeito as atitudes e reações quando envolvidos nesse processo de santificação, o cristão precisa entender que não há um método, segundo White (1984, p 26):

> [...] mecânico perfeitamente seguro que nos faça interpretar devidamente os impulsos da consciência. Para cada indivíduo, a função da consciência depende, em certo grau, da experiência, maturidade cristã, mensagens da Escritura que estejam gravadas em suas mente e fazem parte da sua vida, e de suas reações para com a Bíblia e a com a sua consciência do passado.

O cristão só vai a Cristo se ele ouvir e aprender sobre Deus, pois através dos ensinamentos de Deus, ele aprende as verdades escondidas em Cristo Jesus.

Shedd (2004) afirma que "a santidade deve caracterizar o padrão de vida". Que essa vida tenha o grau de entrega, de separação para Deus não seja o mesmo ontem, hoje e, que cada cristão, tenha como alvo subjugar todo seu ser a Cristo e leva-lo à conformidade com Ele.

Um fator importante nesse processo de santificação tendo a cruz de Cristo como ponto de partida é que o esforço próprio não resolve e não se traduz em santificação porque, segundo o mesmo Shedd (2004), "O cerne da pecaminosidade humana reside na vontade própria" porque a vontade própria do homem estimulada pela natureza adâmica existente sempre penderá para desejo de satisfazer a vontade da carne e dos pensamentos (Ef 2:3) e a santificação, reside no fato de que a vontade do cristão esteja em conformidade (gr. susxemati/zw – syschematízo - indica a *modelagem* segundo um determinado padrão, em que uma coisa *toma a forma* de outra, *adquirindo* o seu caráter, mediante alguma *influência* ou poder exterior) com a vontade de Deus. Tudo isso, produto da cruz!

Essa aplicação diária da cruz produz no homem: disciplina, sacrifício, arrependimento, quebrantamento, intercessão, guerra contra o pecado. O gráfico a seguir expõe de modo detalhado esse conceito da cruz e sua relação com a santificação.

Essa transformação também ocorre na vontade, como explica o versículo em Filipenses 3.13: "irmãos, não julgo que o haja alcançado. Mas uma coisa faço, e é que, esquecendo-me que das coisas que para trás ficam, e avançando para as que estão diante de mim".

O apóstolo Paulo se esqueceu das coisas que ficaram para trás, ele avançou, esforçou-se para ir adiante, em direção ao seu alvo. A vontade dele foi totalmente voltada para as coisas de Deus. Nas paixões, as transformações são expressas em Gálatas 5.24: "e os que são de Cristo Jesus *crucificaram* a carne com as *suas paixões* e *concupiscências*".

O verbo grego *crucificar* e) stauro/w (estauróo) está no tempo verbal chamado *aoristo* que, define a ação verbal como definitivamente feita e acabada, isto é, os que estão sob a ação da cruz de Cristo, da regeneração, justificação, estes *definitivamente* crucificaram a carne, suas *paixões* (gr. pa/qhma – páthema – emoção, paixão, mas também significa , sofrer, ser afetado por alguma coisa para sofrer). As paixões segundo a carne tem objetivo do sofrimento, camuflada de prazer.

Além das paixões os que crucificaram a carne, também crucificaram seus desejos inflamados, *concupiscências.* Concupiscência vem do grego e)piqume/w (epithyméo) que possui alguns significados: *"ter o coração assentado", "Desejar por muito tempo", "Desejo ardente que cobiça por alguma coisa".*

Paixão e Concupiscência trabalham juntas para enredar a mente, coração e conduzir os desejos do cristão à sua vontade. Por entender e viver a natureza desta crucificação, o cristão sabe que estas paixões e desejos não tem domínio sobre ele, apóstolo Paulo apresenta esta certeza inquestionável Rm 6:10-14.

Apóstolo Paulo também afirma a importância da cruz em sua vida de separação, de rompimento o mundo.

Em Gl 6:14 ele diz: *"o mundo está crucificado para o mim, e eu, para o mundo".*

Mais uma vez encontramos no verbo crucificar nos escritos paulino e agora o tempo verbal no grego é o tempo Perfeito.

O tempo perfeito indica uma ação acabada, finalizada no passado porém, com seus efeitos ativos no presente.

Isto significa que Paulo está (definitivamente) crucificado para o mundo e o mundo está (definitivamente) crucificado para ele, porém, os efeitos destas crucificações estão ativas no tempo presente, isto é, Paulo e agora o cristão, continua crucificado e crucificando o mundo para si.

O cristão tem a garantia de sua crucificação em Cristo, conforme Paulo em Rm 6 6: "Foi crucificado o velho homem com Ele, está sendo crucificado o velho homem, isto é, manietando a força do valente e, estará sendo crucificado o velho homem até a consumação da salvação redentora de Jesus. A crucificação é diária.

Estar crucificado como principio ativo do processo de santificação, é arma poderosa do cristão para ter autoridade, assim como Paulo, de ver o mundo e suas concupiscências, separado, afastado, manietado, tendo controle de suas investidas.

Spurgeon ( ) afirma: "*Nossa própria aderência resoluta à verdade, quando desenvolvida de modo prático, é um argumento muito forte contra adversários.*"

O estar crucificado, produz uma nova visão com relação ao mundo. Spurgeon ( ) nos apresenta esse conceito: "O mundo foi crucificado para mim." .

Ver todas as coisas à luz da cruz, a visão de Paulo passa a ver o mundo como um criminoso executado sobre uma cruz e ali, todas as jactâncias do mundo passaram a ser anuladas na sua vida pelo poder do processo santificador que adveio dele estar crucificado para o mundo e o mundo crucificado para ela.

Spurgeon (1981) assim nos apresenta como a força do mundo fora aniquilada na visão de Paulo. O mundo para Paulo:

1. Seu caráter (condenado (João 12.31).
2. Seu juízo condenado.
3. Seus ensinos desprezados.
4. Seus prazeres, honras, tesouros, rejeitados.
5. Suas atividades, aforismos e espírito lançados fora.
6. Suas ameaças e agrados nem valorizados.
7. Ele mesmo logo se extinguindo, sua glória e sua moda desbotando.

Cristãos! Gloriem-se na cruz, porque ela mata a glória do mundo, e a honra e o poder!

Outro principio usado pelo apóstolo Paulo tendo a cruz como ponto de partida no processo de separação para Deus encontramos em Gl 2:20: "Estou crucificado, logo, não vivo!".

Diante deste paradoxo, podemos dizer que "a cara" de Paulo, desenvolver linhas de raciocínio de coisas aparentemente sem lógica "Morrer para viver".

Estar crucificado "ASSOCIADO, ACOMPANHADO UNIÃO ÍNTIMA COM A CRUZ POR MEIO DA FÉ".

Estar crucificado, expressão verbal no grego (tempo perfeito) é *manifestar resultados consequentes desta ação,* isto é, uma vez crucificados o *cristão deve manifestar os resultados desta crucificação.*

A partir dai, 2 (Duas) experiências são apresentadas por Paulo neste texto:

A *primeira experiência* é uma *Vida Racionalmente Estranha* (Gl 2:20ª) .

Paulo afirma com outras palavras: "*Não há vida em mim, mas a vida dele que me faz viver*".

Essa *vida racionalmente estranha* é a vida de Deus em Cristo por meio do Espírito Santo que faz com que o estar crucificado produza uma vida de separação, vivos, porém mortos para Deus (Rm 6:11).

Essa vida *racionalmente estranha,* é a vida daquele que está crucificado para uma vida oculta em Cristo.

O verbo *ocultar* no grego é kekru/ptai (kekryptai) requer a ideia de nossa *identificação* com ele. O termo grego originalmente nos remete a ideia de "dobrar para frente", "ir para baixo", isto representa a natureza desta identificação, isto é, dobrando para frente, indo para baixo, mostra a *submissão imposta quando o cristão está oculto em Cristo, totalmente entregue, dependente Dele.*

Só a cruz produz esse estilo de vida, santos, identificados, submissos e dependentes do Senhor.

Essa identificação, produto da cruz, leva o cristão a compartilhar essa vida juntamente com Cristo e, para isso, há necessidade da separação diuturnamente, dia a dia, santificando-se, lutando contra a carne e suas tendências, desejos e paixões, contra o mundo e suas ofertas e contra o diabo e suas sugestões e dardos inflamados.

Para o cristão, a cruz dever ser sempre esse ponto de partida para vida agradável ao Senhor, porque foi lá que Jesus deu a Sua vida em resgate, foi lá cruz que Ele satisfez a oferta pelo pecado, foi lá na cruz que Ele gravou a mensagem: Obediência Incircunstancial (Fp 2:5-11),

Para o cristão, a cruz não é atalho, é a estrada principal no qual deverá passar, a cruz é a porta de entrada para esta vida diferenciada, nova. Na cruz é o local de oferta, oferta de vida, de intentos, oferta integral da vida de todo aquele que crê no nome de Jesus.

Não cristianismo verdadeiro sem a mensagem da cruz, não cristãos verdadeiros se não passarem pela cruz, não vida cristã que faça diferença sem viver "o passar pela cruz".

Não há quebrantamento, principio para uma vida de santificação, sem a cruz.

Hession (1979) afirma:

> Ninguém pense, porém, que temos que ser quebrantados somente uma vez ao passarmos pela cruz. [...] A cada momento nosso quebrantamento será testado, e de nada adianta aparentar quebrantamento diante de Deus, se não estivermos quebrantados em nossas atitudes. O caminho é voltar de novo ao Calvário e ver Cristo quebrantado por você e em consequência estará pronto novamente a ser quebrantado por ele.

A segunda experiência é uma vida racionalmente estranha mediante um sentimento estranho chamado FÉ e fundamentada num atributo humanamente em descrédito chamado AMOR (Gl 2:20b).

Paulo afirma sem nenhuma dúvida que a vida que ele não vive, mas que vive nele é mediante a fé. A própria definição de fé já nos mostra que esse tipo de vida é divinamente estranho, porque segundo autor de hebreus (Hb 11:1), a fé *simplesmente "é" (filosofando com Heidegger) quando conjugamos o verbo ser na terceira pessoa, significa que se deve "compreender que se já está situado",* isto é, toda definição do que a fé "é" está relacionado a sua existência como agente transformador.

O que já está situado estabelecido que a fé *é simplesmente "certeza"*, "firme fundamento", "a base inabalável" em meio as coisas que ainda não aconteceram. Assim que Paulo afirma viver pela fé no filho de Deus

Mas a fé *"é convicção"* (Champlim, 2001) "isto é, prova, mas também usado com o sentido de convicção. A fé é uma demonstração convincente, para a mente espiritual, acerca das realidades e da importância do mundo eterno, sobretudo de Cristo".

Assim Agostinho (2001) afirma:

> A fé acredita naquilo que não vê; pois, se chegares a vê-lo, não haverá mais fé; o Senhor se foi, para não mais ser visto. Ele está oculto, para que nele se possa crer; o desejo anelante por aquele que é invisível, mediante a fé, é a preparação de uma mansão celestial para nós. Quando ele for visto, então ele nos será dado como recompensa da fé.

Assim que Paulo que afirma viver pela fé no Filho de Deus, com demonstração de fé e, assim que todo cristão deve afirmar a sua vida em Cristo, com certeza de fé e convicção inabalável.

Paulo afirma mais uma vez, sem nenhuma dúvida, que a vida que ele não vive, mas que vive Nele é fundamentado no amor.

A base sólida para o viver sem busca de santidade mediante ao passar pela cruz, segundo

Paulo que vive para Cristo é o amor, que grego a)ga/ph (agápe), isto é, o *amor sacrificial, altruísta, cheio de empatia, amor que vem do divino.*

Esse amor que Paulo afirma: "Que me amou (sacrificou, que entendeu a minha dor) e se mesmo se entregou (parado/ntoj - paradi/domi – paradídomi – O tempo verbal Particípio aoristo indica que Jesus, o que se entregou, qualificando e dando exclusividade no sentindo de que ninguém mais assim o fará e, como aoristo, essa *entrega* dadivosa foi um *ato único* e *consumado* na história isto é, *NINGUÉM MAIS ASSIM O FARÁ. NINGUÉM MAIS SE ENTREGARIA POR PAULO, POR MIM E POR VOCÊ.* Um ato *consumado* no passado, presente e futuro) (Gl 2:20b)

A morte de Cristo quebrou paradigmas na vida do apóstolo, o efeito da cruz desfez a ideia do que representava para Paulo o dedicar-se, santificar-se para Deus, pois isso, ele fazia na base do legalismo da lei. Segundo Guthrie [...] "A combinação dos conceitos de amor e de sacrifício demonstra que a interpretação da morte de Cristo pelo apóstolo, não é inflexível e legalista."

Após Paulo, outro personagem, o maior de todos, fala nos sobre a importância do papel da cruz na vida de seus seguidores.

Em Lc 9:23 Jesus disse: "Aquele que quer vir após mim, a si mesmo se negue, *dia a dia tome a sua cruz* e, siga-me".

Vamos observar alguns aspectos nesse conjunto de imperativos que Jesus exorta seus discípulos bem como, a cada cristão fiel e que entende e vive a importância da cruz no seu processo de santificação.

No texto de Lucas encontramos *O Chamado Pessoal para um Estilo de Vida Irrevogavelmente Continuo*.

Primeiramente devemos entender o contexto deste diálogo exortativo de Jesus. Esse contexto encontra-se nos versos anteriores Lc 9:18-22 especialmente com Pedro onde destaca-s e dois pontos importantes:

a) Declaração que Ele seria a pedra fundamental da Fé cristã: "Tu és Cristo de Deus!" (9:20)

b) A Vida em Cristo, Preço pessoal a se pagar por Ele (**9:22**)

Jesus desafia a um chamado pessoal para um estilo de vida *irrevogavelmente contínuo*, um *estilo de vida* que não pode ser anulado; que não pode ser refeito. Ordens irrevogáveis e desafiadoras diante do chamado pessoal para seus discípulos e para cada cristão.

Primeira ordem de forma irrevogável é a necessidade de *aplicar auto desistência em pró e em prol do chamado é o "Negar-se a si mesmo"* - ἀρνησάσθω ἑαυτὸν (arnesástho eautón)

"*Negar se a si mesmo*" no contexto do grego neo testamentário significa: Renunciar, Declinar, Recusar, Desistir, Virar as Costas e num termo mais radical significa também "apostatar".

A ideia do Imperativo, desta ordem é: "Leve o (EU) a negar-se a si mesmo, *contradiga* as suas tendências naturais, em *pró*, isto é, em benefício de algo, o *Chamado Pessoal* e, em *prol,* isto é, em estar a favor empenhando todos os esforços em face ao *Chamado Pessoal.*

Mas uma vez encontramos o tempo verbal Aoristo no verbo "negar" que nos remete a ideia de que cada discípulo e cada cristão em todos os tempos, devem negar se a sim mesmo de forma definitiva, de forma consumada, única e final.

Abandonar algo pode ser uma coisa muito difícil. Quando deixamos alguma coisa parece que nos tornamos vulneráveis. Muitos cristãos recusam a abandonar coisas porque simplesmente tem medo de fazer isso.

Alguns traços negativos do jeito de ser, amargura, orgulho ou preocupações exacerbadas, muitas vezes, o cristão reluta em simplesmente deixar ir embora essas coisas.

O sentimento de segurança leva muitos cristãos a se agarrarem a alguma coisa neles mesmos e isso, impede uma vida de renúncia.

Quais fatores têm contribuído para que cristãos não consigam cumprir esse imperativo de Jesus?

Por que essa tarefa requer que cristãos venham *contradizer, declinar, virar as cos*tas às suas tendências para *IREM APÓS* Jesus?

Primeiro fator é que é muito *difícil abrir mão do "EU"*. A ideia do céu e da eternidade com Deus soa muito bem e talvez muitos se apresentem como voluntários para receber isso, no entanto, a ideia de trocar sua vida não parece muito atraente.

Muitos cristãos amam a parte da Bíblia que fala das promessas de Deus , mas encontram grandes dificuldades em suas vidas quando se apresenta a realidade sobre o custo de seguir a Jesus.

Abrir mão do Eu tem suas dificuldades no processo de santificação é porque muitos cristãos gostam de estar no controle. Ficam um pouco desconfortáveis quando leem sobre a auto negação. Isso não parece muito atraente.

O convite para ser um cristão é totalmente livre, mas também o chamado é para que cada cristão afasta-se dos controles.

No filme Invictus (2009) dirigido por Clint Eastwood com Matt Damon e Morgam Freeman no papel de Nelson Mandela conta Após o fim do apartheid, o recém-eleito presidente Nelson Mandela lidera uma África do Sul que continua racial e economicamente dividida e, Nelson Mandela relata a seguinte a frase: "*Eu sou o dono do meu destino, eu sou o capitão da minha alma*."

Muitos cristãos têm trazido esta filosofia de que são mestres de suas vidas.

Gostam de estar no controle. Adotam o princípio: "Eu prefiro muito mais estar no controle de uma situação do que ter alguém no controle da situação"

Como cristãos, precisamos aprender a permitir que Jesus seja o mestre de nosso destino e o capitão da nossa alma. Talvez alguns sintam como se fosse uma violação das suas liberdades deixando de lado a si mesmos e deixar Jesus tomar o controle.

Talvez achem que isto é sinal de alguém que é fraco e vulnerável. Cada cristão é intimidado pelo pensamento de que Jesus pode pedir para fazer algo que não querem fazer.

É tudo muito bom ir com Jesus, enquanto ele não nos pede para ir para onde não queremos ir.

A principal razão de ser tão difícil negar a nós mesmos é por causa do nosso orgulho e da arrogância que não gosta de entregar o controle para ninguém.

Jesus ensinou que devemos perder nossa vida para encontrá-la realmente.

Ele está dizendo que cada cristão precisa desistir do projeto de serem o próprio ponto de referência no mundo.

Nós não somos Deus! Nós não somos o número um. O universo não gira em torno de nós e os nossos desejos não são a coisa mais importante do mundo.

Como cristãos, precisamos aprender a negar a nós mesmos não importa o quão duro isso pareça e deixar Jesus tomar o controle, porque ele sabe o que está fazendo.

A Bíblia menciona a história de um homem que queria ir enterrar seu pai antes de ele seguir a Jesus. Em seguida, outro que primeiro queria dizer adeus a sua família. Eles queriam seguir Jesus em seus termos e quando fosse conveniente para eles. Eles não queriam um Senhor. Eles não queriam alguém no comando. Eles queriam o controle. Assim como muitos hoje. (Lc 9:57-62)

Aqueles que pensam que estão no controle, um dia descobrirão que nunca estiveram no controle como eles achavam que estavam.

Uma vida buscando a sua própria agenda de promover a si mesmo deve ser deixada de lado.

Diante disto cada cristão deve entender o processo de entrega a Jesus e fazer a sua auto renúncia. Como? Saindo de Lado e dando Passagem.

Cada cristão tem que ter a mentalidade que João Batista tinha quando ele disse que eu diminua e que Cristo cresça.

Cada cristão deve estar disposto a sair de lado e deixar Ele ter a glória e a honra de tudo o que cada cristão fizer ou realizar. Há uma necessidade urgente de o cristão temos de descer da sua posição de autoridade sobre sua vida viver e dar as rédeas nas mãos do Senhor.

Ele é o mestre do nosso destino e o capitão de nossa alma 1ª Co 15:31.

O cristão lembrar todos os dias que tem de morrer para que Cristo tenha o controle.

(Fp 3:7-9). Paulo considera tudo como "refugo" termo gr. sku/bala (skybala) significa *miudeza, estrume, lixo*, isto é, tudo que fazia de Paulo o homem perfeito aos olhos dos padrões judaicos, ele assim considerava todas estas prerrogativas como *esterco, estrume,* com objetivo determinado, com um foco: *Por amor a Jesus e para ganha-lo.*

Assumir que viver é muitas vezes cortar vínculos e ficar com as mãos vazias, perder o que em algum momento nos trouxe muitas alegrias e esperanças, é algo muito difícil e doloroso.

Quanto antes assumirmos, no entanto, mais preparados estaremos para superar esses momentos, essas encruzilhadas de caminhos em que

"Olhar para trás é apenas se apegar ao que não pode mais ser"

A segunda ordem de forma irrevogável: "*Dia a Dia, com tudo que virá, contradiga-se, <u>Tome a Sua Cruz</u> em Pró e em Prol do Chamado*". Lc 9:23b. "[...] Dia após dia"

Negar a si mesmo, segundo o imperativo de Jesus para seus discípulos e para cada cristão, é algo a ser vivido diuturnamente: "Dia após dia", não há um dia sem tomar a Cruz.

Tomar a cruz é uma viagem só de IDA! "*Indo diuturnamente tomando a cruz*". Dia a dia, sempre a Cruz.

Outro fator importante nesse processo, é que esse imperativo de Jesus é *pessoal*: "Tomar a "SUA" cruz e não a do outro! "[...] tome a sua cruz".

Essa a responsabilidade pessoal e exclusiva de cada cristão.

Ainda encontramos outro fator importante nesse processo, é que p o imperativo de Jesus, é um *legado nesse presente tempo* – Não pode ser acabada ou removida do caminho.

Tomar a cruz segue-se condicionalmente a vida de auto desistência (Negar-se a si mesmo), isto é, a vida de abnegação de si próprio.

Quais as razões para que dia a dia cada cristão venha contradizer se, isto é, negando-se a si mesmo e assim, em pró e prol do chamado, *TOMAR A SUA CRUZ?*

Primeira razão: *Porque nela há identidade pessoal do Chamado Cristão*

Qual é a identidade do cristão no tomar a Cruz? Gl 6:15 - SER NOVA CRIATURA, ser nova criatura é ter a vida separada pela Cruz.

Tomar a Cruz é exigência de Identidade o *"SER NOVA CRIATURA"*

Tomar a Cruz é lutar para viver o modelo que Cristo deixou.

Segunda razão: *Porque nela há uma condicional e pessoal, para a nobreza do chamado Cristão.* Mt 10:38: "E quem não toma a sua cruz, e não segue após mim, não é digno de mim".

Jesus exorta os discípulos no sentido de todas as responsabilidades que advém de vida crucificada com Ele. O tomar a cruz é fazer parte de tudo aquilo que envolve o viver no reino de Deus e o viver para Deus, incluindo nesse processo uma vida santa, separada através do viver crucificado.

Tomar a cruz é morrer, dia a dia, é entender que ali o preço foi pago por cada um de nós e assim, entregar-se sem restrições para morrer por Cristo. Conforme afirma Tasker (1984) "Não toma a sua cruz é não está disposto a sofrer morte de mártir, como um criminoso sentenciado, forçado a levar o madeiro da cruz ao lugar da execução."

Jesus exorta os discípulos em Lc 14:33: "*Da mesma forma, qualquer de vocês que não renunciar a tudo o que possui não pode ser meu discípulo.*"

O verbo "*renunciar*" mais uma vez aparece em nosso contexto neo testamentário, no grego é)a)pota/ssomai (apotássomai) traduz-se como "*mandar embora*", "*abandonar*" "*tirar o amparo*", isto é, não permitir que o mundo e todas as suas ofertas, paixões e desejos, sejam "*amparados*", "*resguardados*" na vida do cristão.

A santificação, no processo de crucificação diária do cristão, tira o amparo, a base de todas essas manifestações do mundo na vida em sua vida e, a nobreza deste chamado encontra-se no termo que Jesus: "*Ser Digno*" (Mt 10:38b).

A força do termo "Ser digno", está na palavra grega a)/cioj (áxios), experessão que retrata "a mais nobre forma de vida" Champlin (2001).

Ser digno de Jesus é ter esta nobre forma de viver, renunciando, morrendo, crucificando por amor a Ele.

A terceira ordem de forma irrevogável: "*Aplicar auto desistência, dia a dia, com tudo que virá, tomando a Cruz e viver o grande projeto de vida: Seguir a Jesus – O Chamado de Cada dia*" Lc 9:23c. "[...] e *Siga-me*".

Seguir a Jesus é seguir carregando a cruz, é seguir crucificado para o mundo, é entender a simplicidade desse chamado: "Se alguém quer vir após mim, tão somente, simplesmente siga-me."

O verbo "seguir" no contexto neo testamentário (grego - a)koulote/w – akulotéo).

O termo verbal nos remete a ideia de *"seguir como discípulo", "fazer igual ao mestre", "pisar nas pegadas do mestre", "imitar o mestre."*

Jesus deixou o Seu exemplo aos discípulos e também para cada cristão, mostrando o modo de vida em busca de fazer a vontade do Pai, numa entrega pessoal ampla, total e irrestrita.

Segundo Morris (1984) "O seguidor de Cristo morreu para todo um modo de vida" (Lc 14:27).

O tempo verbal usado é o imperativo aoristo, que significa uma ordem a ser cumprida de forma *integral e consumada*.

A simplicidade do Evangelho requer vivências demasiadamente complexas e duras, não por causa de dogmas, doutrinas, leis, normas, mas por causa do "EU".

O chamado de Jesus faz fundamentar-se não em dogmas, regras, etc., mas sim, em profundas decisões de fórum íntimo: *"Negar-se a Si mesmo, tomar SUA cruz".*

O desafio no processo de santificação tendo a cruz como ponto de partida, exorta a cada cristão a viver semelhante a Ele (Rm 6:4-14).

Seguir Jesus não é ser modelado dentro do apertado terreno dos condicionamentos psicológicos, culturais e religiosos dos nossos guetos evangélicos.

Seguir a Jesus é ter tanto a disciplina quanto a criatividade das ondas do mar.

Disciplina porque as ondas são ordenadas e têm princípios.

Criatividade, elas existem dentro de uma dinâmica: cada onda é diferente da outra.

Seguir Jesus é obedecer a princípios imutáveis (negue-se a si mesmo / tome a sua cruz), mas é também ser livre como as ondas do mar.

Seguir a Jesus, condicionado a Cruz e em vida de santidade é abrir as mãos e o coração de toda propriedade.

Seguir a Jesus significa se esforçar para ser como Ele. Ele sempre obedeceu ao Seu Pai, então é isso que nos esforçamos para fazer (Jo 8:29), faz parte do processo de santificação.

Seguir a Cristo significa torná-lo o chefe. É fazer de Jesus o Senhor de nossas vidas (2ª Co 4:5),é abrir mão de propriedades por amor ao Chamado (Mt 4:19-20; Jo 1:43; Mt 9:9).

2 - RESULTADOS DA SANTIFICAÇÃO NA VIDA DO CRISTÃO

Há um sentido em que o cristão está sendo santificado e as Escrituras dão embasamento para isso nas seguintes passagens: João 17.17 e 19; Romanos 6.19-22; 15.16; 1

Tessalonicenses 5.23; Hebreus 2.11; 10.14; 12.44; 1 Pedro 1.15. Essas passagens foram selecionadas porque "*hagiasmos*", "*hagiazo*" ou "*hagios*" (santidade/santificação/santo) aparecem no original (WILLIAMS, 2011).

A santificação é realizada por Deus que é o autor dela (Jo 17.17; 1Ts 5.23). O Espírito Santo é o agente santificador. Ele realiza a santificação presente guiando (Rm 8.14), transformando (Rm 12.2; 2 Co 2.18), fortificando (Ef 3.16), e por fazer-nos frutíferos (Gl 5.22-23).

A morte de Cristo é a base da santificação presente. Através dela o Espírito Santo opera no ser humano.

Pela fé a instrumentalidade da palavra é eficiente, ela é resultado da obra santificadora do Espírito Santo e o meio principal para sua obra contínua de santificação. Nossas próprias atitudes e ações são também um meio para nossa santificação atual (Rm 6.19), assim como o exercício espiritual é necessário para o crescimento espiritual.

O exercício físico anima o apetite para o alimento, do qual recebemos nutrição que produz crescimento. O exercício espiritual desenvolve maior apetite para a Palavra de Deus, do qual recebemos nutrimento espiritual que produz crescimento na graça.

Por meio da nossa santificação presente, a santa disposição dada às nossas faculdades no novo nascimento é reforçada. A mente é ensinada. Através da maior meditação da beleza do Senhor, somos constrangidos a amá-lo com mais fervor.

Assim, a vontade é reforçada (temos mais força de vontade) e é capacitada para executar mais decisões eficazes em interesse de sua preferência imanente. Se isso não fosse possível, então não haveria maneira possível de se crescer na graça.

2.1 Afastamento do Pecado

A história do homem começou com a criação de um ser perfeito que expressava a imagem e a semelhança de Deus até o dia em que ele decidiu abandonar as orientações do seu criador e seguir seu próprio destino.

Como resultado desta escolha infeliz, o ser humano caiu em estado de pecado e rebelião contra Deus, que graciosamente providenciou um plano redentor, para levá-lo de volta a ele.

Pecado é a transgressão da lei de Deus, no grego é *hamartia*, errar o alvo. É o fracasso em não atingir um padrão conhecido, mas antes desviar-se do mesmo.

O pecado é definido em relação à Deus e sua lei moral, não inclui só atos individuais, como matar, roubar ou mentir, mas também atitudes contrárias aquilo que Deus exige de nós (GRUDEM, 2009; BERKHOF, 2007; CHAMPLIN, 2001). Berkhof (2007) ressaltou que o pecado teve início no mundo angelical, pois Deus criou de anjos, todos eles bons quando saíram de suas mãos. Mas ocorreu uma queda no mundo angelical e legiões de anjos se apartaram do Seu criador.

Quando se estuda a origem do pecado geralmente reporta-se à queda do homem, descrita em Gênesis 3. Facilmente as pessoas se esquecem do que aconteceu antes da queda do homem, nas regiões celestiais. Isso ocorre porque as Escrituras dizem muito pouco acerca do que ocasionou a queda dos anjos.

Entretanto, fazendo uma análise do conselho do apóstolo Paulo a Timóteo, a que nenhum neófito fosse designado bispo, "para não suceder que se ensoberbeça e incorra na condenação do diabo" (1Tm 3.6), pode-se inferir que o pecado do orgulho, ou seja, o desejo de querer ser igual a Deus em poder e em autoridade tenha sido, senão a causa, uma das principais causas da queda no reino angelical.

Em Judas 6 também se encontra relatos de anjos que não estavam satisfeitos com o que Deus lhes dera. Se o desejo de ser semelhante a Deus foi a tentação peculiar dos anjos, isto explica porque tentaram o homem nesse ponto específico.

Por essa razão, o pecado é algo cósmico em sua natureza porque ninguém peca sozinho. O pecado sempre fará parte da rebelião cósmica contra Deus e contra a retidão (BERKHOF, 2007; CHAMPLIN, 2001).

O pecado, na humanidade, teve origem com a transgressão de Adão no Jardim do Éden, um ato voluntário da parte do homem (Gn 3). O tentador sugeriu a Adão que ele deveria ficar em oposição à Deus para se tornar semelhante a Ele, Adão se rendeu e cometeu o primeiro pecado comendo do fruto proibido.

A partir deste ato, houve um desencadeamento de inúmeros pecados do homem. Ele, então, passou a ser escravo do pecado. Esse contexto trouxe corrupção permanente à raça humana, pois todos são descendentes de Adão. O resultado da queda foi a transmissão de uma natureza depravada do pai das raças, pois a fonte tornou-se impura, passando a todas as gerações futuras a corrupção.

Adão não pecou somente como o pai da raça humana, mas também como chefe representativo deles, e, portanto, a culpa da sua transgressão é posta na conta da humanidade, onde todos são passíveis de punição e morte.

Por isso, o pecado de Adão é, também, o pecado de todos nós. O apóstolo Paulo ensina sobre isso em Romanos 5:12: "portanto, assim como por um só homem entrou o pecado no mundo, e pelo pecado, a morte, assim também a morte passou a todos os homens, porque todos pecaram".

Deus atribui a todos os homens a condição de pecadores culpados em Adão, exatamente como atribui a todos os cristãos a condição de justos em Jesus Cristo. Porque através da desobediência de um só homem, todos pecaram, assim também, por meio da obediência de um só homem muitos se tornarão justos (Rm 5.18-19).

O homem nasce com o pecado original, por ser descendente de Adão e, também, tem seus pecados individuais e ambos o condenam. Em Romanos 2.6 diz que cada um será julgado de acordo com suas próprias obras (CHAMPLIN, 2001; BERKHOF, 2007).

Dessa forma, toda pessoa salva pode dizer com Paulo: Miserável homem que eu sou! Quem me livrará do corpo desta morte? (Romanos 7:24). Nesta passagem, Paulo deseja que fosse sem pecado, mas está indisposto a violentar a Escritura e praticar a auto decepção para fingir que está sem pecado.

O seu próprio desejo de impecabilidade impede-o de praticar a hipocrisia, de perpetrar um engodo como todos os perfeccionistas fazem (SIMMONS, 2013).

Todos os frutos do processo santificante esclarecem na verdade que a impecabilidade é impossível nesta vida, em razão de ainda existir o engano do pecado. A realidade do pecado na vida do cristão não lhe proporciona nenhuma consolação, pelo contrário, proporciona-lhe pesar. Ele quisera estar livre do seu peso terreno e elevar-se aos cimos de Deus para que sua alma pudesse aquecer-se no sol da justiça (SIMMONS, 2013).

Portanto, nenhuma pessoa salva ama o pecado, isto é, o amor ao pecado não é o afeto dominante de sua vida. Os pecados que ela comete não são o resultado de um amor normalmente dominante ao pecado senão de um levante ocasional da carne ou da fricção entre a carne e o espírito (SIMMONS, 2013).

A passagem no livro dos Salmos 119.9 enfatiza: "como purificará o jovem o seu caminho? Observando-o segundo a tua palavra". Desta forma, a palavra de Deus é o instrumento do Espírito Santo (Jo 17.17), que guia e orienta o pecador a viver em santidade.

Está declarado em todas as passagens bíblicas que a verdade promove a obediência, previne e purifica do pecado e faz com que o cristão passe a odiar o pecado e cresça na graça e no conhecimento do Senhor.

2.2 Amor Maior pelas Coisas Celestiais

As Escrituras sob a ação do Espírito Santo reorientam de tal forma a vida do ser humano que substituem o primeiro amor pelo pecado e faz o filho de Deus buscar as coisas celestiais. O cristão deve querer deixar para trás todo o peso do pecado e passar a olhar somente para o autor e consumador da sua fé.

> Portanto, também nós, visto que temos a rodear-nos tão grande nuvem de testemunhas, desembaraçando-nos de todo peso e do pecado que tenazmente nos assedia, corramos, com perseverança, a carreira que nos está proposta, olhando firmemente para o Autor e consumador da fé, Jesus, o qual, em troca de alegria que lhe estava proposta, suportou a cruz, não fazendo caso da ignomínia, e está assentado à destra do trono de Deus (Hb 12.1-2).

Tasker (1984) fala sobre o total apego às coisas divinas quando afirma que a santificação leva o cristão a uma plena entrega a tudo que se relaciona com as questões celestiais.

Ele se afasta de tudo que é pecaminoso e se auto sacrifica conforme é dito em Romanos 12.1-2:

> Portanto, rogo-vos, irmãos, pela compaixão de Deus, que apresenteis os vossos corpos como sacrifício vivo, santo e agradável à Deus, que é o vosso culto racional. E não vos conformeis com este mundo, mas transformai-vos pela renovação do vosso entendimento, para que experimenteis qual seja a boa, agradável perfeita vontade de Deus.

Outra vez o apóstolo Paulo enfatiza sobre uma verdadeira dedicação, um apego às coisas de Deus como resultado da santificação. O apóstolo Paulo se despojou do passado, da sua posição, sua raiz genealógica, suas práticas religiosas que o levavam a pecar, que o condenavam e, passou a se identificar com as coisas de

Deus: "[...] mas considerei tudo perda por causa de Cristo" (Fp 3.7).

O resultado da santificação, é que ela cria no crente uma sede insaciável pelas coisas de Deus, de maneira que ele só se satisfaz plenamente quando se volta para as coisas divinas, como escreveu o apóstolo Paulo: "Portanto, se fostes ressuscitados com Cristo, buscai as coisas que são de cima, onde Cristo está assentado à destra de Deus. Pensai nas coisas que são de cima, e não nas que são da terra. Pois morrestes, e a vossa vida está oculta com Cristo em Deus" (Cl 3.1-3).

O triunfo final de Deus sobre o reino do mal é um grande motivo para se ter fome e sede das coisas espirituais. Essa atitude deve motivar o cristão a praticar a justiça e a retidão.

2.3 Prática de Boas Obras

As boas obras, assim como a santificação, passam a ser uma necessidade para o crente, pois são exigidas por Deus como consequência evidente de nosso relacionamento vital com ele (Romanos 7.4; 8.12,13; Gl 6.2). Além disso, nas boas obras, a gratidão a Deus e os frutos da fé são para glória de Deus (Tg 2.14,17,20,22; 1Cor 6.20 e Jo 15.8).

Champlin (2001) afirma que a prática das boas obras é um dos resultados da santificação, que elas são exigidas por Deus e que emanam do princípio do amor para com Deus (Mateus 7.17,18; 12.33). Elas são praticadas em obediência consciente à sua vontade revelada, sendo tudo para a glória de Deus (1Co 10.31; Cl 3.17,23).

A santificação é o meio que Deus utiliza para cumprir o Seu propósito na vida do cristão: "porque somos feitura sua, criados em Cristo Jesus para as boas obras, as quais Deus preparou para que andássemos nela" (Efésios 2:10).

A preposição "para" usada neste texto em grego significa *epi*, onde mostra um significado mais profundo do que dizer meramente que as boas obras eram o propósito da nova vida ou que os homens foram redimidos a fim de serem um povo "zeloso de boas obras" (Tito 2:14; Colossenses 1:10). Ou seja, denota que as boas obras fazem parte da nova vida como uma condição inalienável, a qual deverá e irá se expressar nesses moldes.

Portanto, Champlin (2001) afirma que, as boas obras, conforme elas foram preparadas por Deus, de antemão, fazem parte do grande plano da graça. Mas, em sua concretização, devem ser realizadas pelos homens, através do consentimento da vontade.

Dessa forma, o cristão deve optar por um estilo de vida, pois conforme o apóstolo Paulo, existe um contraste entre estes dois estilos, a saber, o mau e o bom, representados por dois senhores, o diabo e Deus.

Na sua carta aos Efésios 2.2-4, Paulo afirma:

> [...] em que, noutro tempo, andastes, segundo o curso deste mundo, segundo o príncipe das potestades do ar, do espírito que, agora, opera nos filhos da desobediência; entre os quais todos nós também, antes, andávamos nos desejos da nossa carne, fazendo a vontade da carne e dos pensamentos; e éramos por natureza filhos da ira, como os outros também. Mas Deus, que é riquíssimo em misericórdia, pelo seu muito amor com que nos amou [...].

Desta forma, quem proporciona essa mudança é a nova vida em Cristo, pela graça, poder e a santificação que Deus proporciona a todo cristão.

Após os estudos sobre santificação e da obra do Espírito Santo na vida do cristão, infere-se que, através do Espírito Santo, se alcança a santificação exigida por Deus, pois o homem escolhe seguir o estilo de vida influenciado por Deus e não pelo diabo, pois através Dele o crente pode ser moldado pelo poder transformador e restaurador do Espírito Santo, e desfrutar as bem-aventuranças encontradas em Cristo Jesus.

3 - SANTIFICAÇÃO SOB AS PERSPECTIVAS DO ANTIGO TESTAMENTO E NEOTESTAMENTÁRIA

3.1 A Santificação no Antigo Testamento

A abordagem sobre santidade é melhor definida no Antigo Testamento quando se explana sobre o caráter de Deus, pois essa é sua característica fundamental (HORTON, 2005). Deus aplica a si mesmo: "Sede santos porque eu sou santo" (Lv 11:44)

Deus é proclamado santo pelas pessoas "Ele é Deus santo" (Js 24:19); os Serafins adoram a Deus, e afirmam: "Santo, santo, santo é o Senhor dos Exércitos" (Is 6)

A santidade a princípio, não é humana e nem terrestre, pertence à outra esfera, ou seja, um Deus santo que está totalmente separado e distinto da sua criação (HORTON, 2005).

O ser humano após a queda vive em um mundo caído e não santo, apesar disso, Deus quer manter comunhão com o ser humano. É dever do ser humano tornar-se mais santo.

Deus fala com seu povo sobre a santificação de várias maneiras no Antigo Testamento, Ele consagra uma variedade de coisas para facilitar a comunhão com seu povo, "sua nação santa" (Êx 29:31; 28:2-4; 29:29); um tabernáculo santo, para Deus habitar entre seu povo (Êx 29:31; Lv 16:24; Sl 46:4; 65:4).

Deus utiliza vários métodos e maneiras para atrair a atenção do seu povo para que se santifiquem e desfrutarem uma maior comunhão com ele.

3.2 Visão Neotestamentária da Santificação

O Novo Testamento ressalta todo ensino do Antigo Testamento sobre a santidade. Ele desenvolve uma maior ênfase, contudo, sobre os temas da santa Trindade e dos santos consagrados. A santidade é sempre atribuída a uma Pessoa da Deidade. O Deus de amor é o Pai Santo (Jo 17:11); Jesus Cristo é o Santo de Deus (Mc 1:24; Jo 6:69); e o Espírito de Deus é denominado Santo noventa e uma vezes.

Nos termos desta denominação "santo", o Novo Testamento destaca três temas.

Primeiro, ele acentua a dimensão ética da santidade. A ênfase recai sobre o interno em lugar da santidade ritual. Básico para isso é o testemunho do próprio Jesus, que como Filho do homem viveu uma vida de completa santidade, porque Ele "não cometeu pecado, nem na sua boca se achou engano" (1 Pe 2:22). Ele é "santo, inocente, imaculado, separado dos pecadores" (Hb 7:26). Como resultado de Sua obra redentora, os crentes Nele são declarados justos e entram na santidade.: "Na qual vontade tem sido santificada pela oferta do corpo de Jesus Cristo, feita uma vez por todas" (Hb 10:10).

Em segundo lugar, o Novo Testamento enfatiza o caráter normativo da santidade entre os crentes. A santidade pertence a todos os verdadeiros seguidores de Cristo. Um termo comum para todos os crentes é santo (hagioi), geralmente traduzido por "santo". Santos, portanto, não se refere a pessoas preeminentes na santidade, mas ao crente típico que é santo em Cristo (1 Co 1:30)

Santidade é uma realidade interna para todos os que estão unidos a Cristo. Embora um filho de Deus sinta frequentemente quão ímpio ele é em si mesmo e possa não ousar se chamar um "santo", Deus vê todos os Seus eleitos como santos e santificados em e através da perfeita obediência, ativa, de Seu Filho amado. Por amor de Cristo, seu estado é santo diante de Deus e sua condição é feita santa pelo Espírito que habita neles.

Em terceiro lugar, o Novo Testamento contempla a santidade como transformadora de toda pessoa: 'E o mesmo Deus de paz vos santifique em tudo; e todo vosso espírito, e alma, e corpo, sejam plenamente conservados irrepreensíveis para a vinda de nosso Senhor Jesus Cristo" (1 Tess 5:23). Embora esta "santidade completa" esteja além do alcance do crente nesta vida, ela sempre continua sendo seu objetivo e oração. Ele se deleita em buscar a santidade e procura o "aperfeiçoamento da santidade no temor de Deus" (2 Co 7:1).

3.3 Visão de Cristo

Brown (2000) aborda a visão neotestamentária sobre a santificação explicando a visão de Cristo. 1) Jesus em seu ensino sobre a santificação se refere ao coração do homem, para que ele cultive uma vida espiritual para se aproximar da perfeição que há em Deus. Jesus na oração do Pai nosso diz: "santificado seja o Teu nome", esta santidade é a natureza de Deus conforme ela é conhecida mediante Sua revelação de Si mesmo através da história. A ideia de um Deus santo é mostrada por Jesus a fim de levar os seus seguidores não somente a reverenciar e honrar a Deus, como também a glorificá-lo mediante a obediência aos seus mandamentos, preparando assim, a vinda do Reino.

O homem tem o alvo a ser conquistado, a perfeição em Deus (Mt 5:48), Jesus inclui princípios dessa perfeição nesta mensagem: santidade e amor (43-48), Jesus quer mostrar que essa perfeição (santidade total) só pode ser alcançada nos céus (Lc 17:10), mas que deve ser almejada por todo discípulo de Cristo, e o sermão do monte é o modelo do que os seus discípulos devem cultivar em seus corações, sendo separados, santos, buscando degraus para uma perfeição (Mt 5:48).

3.4 Visão de João

Stott (1985) aborda a visão neotestamentária de João sobre a santificação. Em João encontra-se a ideia de regenerado, em virtude da divina semente permanente nele, não pode pecar habitualmente (1Jo 3:9; 5:4,1 18; cf 3:6). Neste contexto, Stott (1985) enfatiza que o regenerado não vive na pratica do pecado:

Um exame das suas expressões no-lo dirá. Ele emprega três, primeiro

Ele diz que o cristão que permanece em Cristo "não peca" (3:6a; 5:18

a(marte/nei), este é um tempo verbal presente, indicando um caráter firmado como o do diabo que peca desde o princípio. A segunda afirmação é que aquele que é nascido de Deus, não comete pecado (a(marti/an o(n po/lei). Outra vez, não é o fato isolado de pecar que se tem em mente, mas o hábito estabelecido disso, indicado pelo verbo "po/lei" "polein", *fazer ou praticar*, que é empregado quanto ao praticar o pecado em 4a, 8, 9, quanto a praticar a ilegalidade em 4b (transgredir a lei) e quanto a praticar a justiça em 2:29; 3:7; 10a. A terceira expressão é a de que o cristão "não pode pecar", onde pecar é um infinitivo presente, não aoristo. Se o infinitivo fosse aoristo, teria o significado, não é capaz de cometer um só pecado, contudo o infinitivo presente significa, não é capaz de pecar habitualmente (STOTT, 1985, p. 109).

A santificação do crente está sob o modelo de Cristo, sua consciência é iluminada, instruída e ensinada pela palavra de Deus. João afirma aos seus leitores de que eles caminhem na luz da consciência cristã, iluminada pelo evangelho, pois sua base de purificação está no sangue expiatório de Cristo (1:7), é gerado nele uma aversão ao pecado através de uma força oculta no interior da alma.

A consagração neutraliza a força do pecado e a inclinação para ele, entretanto, a santificação visa aniquilar o velho mal que habita no crente, gera a própria consagração para uma nova forma de amor (4:7), e que irá adiante ininterruptamente sob o modelo do Cristo puro (3:2).

3.5 Visão de Pedro

Hastings (1910) fala sobre a visão neotestamentária de Pedro a respeito da santificação, afirmando que a consagração é realizada e selada através do Espírito Santo. Em 1 Pedro 1:22, o perfeito tempo "e(gniko/tej" (igual a a(nagegenne/menoi), "fazer nascer de novo", "causar novo nascimento" (1,2,3), refere-se a voltar o ato inicial de consagração.

O apóstolo Pedro no primeiro capítulo se refere à manifestação da santidade divina e a exortação para que os crentes sejam santos. A ideia permeia na demonstração de que eles mesmos demonstrem essa santidade através da vida cotidiana e pública, estando consagrados e santificados, unidos ao Espírito Santo, tendo como modelo Deus Pai, que é dado e demonstrado em Cristo.

Os cristãos devem viver em obediência à Deus e à sua palavra e devem deixar que o Espírito Santo opere em sua vida a transformação necessária para viver uma vida de santificação. Em 2 Pedro 1:4, o apóstolo fala sobre ser separado e santificado perante a corrupção dos desejos mundanos, através do cumprimento das promessas do Evangelho.

O cristão é chamado para receber fé, virtude, discernimento, domínio próprio, mansidão, piedade, irmandade, afeição e o amor como coroa de tudo, estes são o fruto do Espírito, marcas do verdadeiro conhecimento de Cristo, que leva o crente a uma vida consagrada, separada, dedicada a Deus.

3.6 Visão na Epístola aos Hebreus

Guthrie (1984) fala sobre a santificação na Epístola aos Hebreus, em que Cristo é apresentado como modelo da santificação, o Sumo Sacerdote, aquele que santifica o povo (13:12; 2:11), pelo Seu perfeito sacrifício. Derramou Seu sangue por nossos pecados e obteve eterna redenção (9:12; 10:14), essa Epístola ensina que fomos santificados, através da oferta do corpo de Cristo, (10:10), ela também ensina os cristãos a não profanarem o sangue da aliança, através do qual foram santificados, por causa da justiça divina (10:29,30).

Ao final, o autor deixa uma advertência aos seus leitores, que vivam em paz uns com os outros, pois sem santificação ninguém verá a Deus (12:14). Ele deixa bem claro que o discípulo de Jesus deve ser disciplinado, para que ele ganhe uma participação na santidade de Cristo (12:10). Jesus é o modelo da santificação, pelo Seu sacrifício perfeito Ele santifica Seu povo e o faz participante da santidade divina.

O apóstolo Paulo define que aquele que tem a Cristo e tem comunhão com o Espírito Santo é santo, pois Cristo é a santificação, justiça e redenção (1 Co 1:30). Através da ressurreição Cristo tornou-se o poder vivo para operação da santidade (Rm 1:4), somente através da santidade acontece aceitação na parousia, e se recebe a herança do povo de Deus (Cl 1:12).

Paulo também apresenta o amor por todos os santos como um aspecto da santificação (Ef 1:15), e ficar fiel aos santos em suas necessidades (Rm 12:13). Por ser o próprio Deus quem santifica (1 Tes. 5:23), frutificar para a santificação, se torna uma tarefa de alta responsabilidade.

3.7 Visão de Paulo

O apóstolo Paulo apresenta todos que estão associados com o Espírito Santo e que tem a Cristo são santos, pois Cristo é a santificação do Seu povo, além de ser Sua justiça e redenção (1 Co 1:30).

A ressurreição de Jesus O tornou o poder vivo para a operação da santidade, como pode se observar em Romanos 1:4 "E foi declarado Filho de Deus com poder, segundo o Espírito de santidade, pela ressurreição dos mortos, Jesus Cristo, nosso Senhor". A santidade é uma condição de aceitação na Parousia, e da entrada na herança do povo de Deus (Cl 1:12). Paulo também apresenta como aspecto de santificação, como sendo essencial o amor por todos os santos (Ef 1:15); é ficar fiel a eles nas necessidades (Rm 12:13); é abrir mão de não profanar o sagrado por meio de levar questões com irmãos crentes diante das autoridades seculares, e permitir que os julguem (1 Co 6:1,2).

Por ser o próprio Deus quem santifica (1 Tess. 5:23), frutificar para santificação, se torna uma tarefa de alta responsabilidade.

O apóstolo Paulo ainda apresenta em Romanos 6 o que é denominado de batismo espiritual, que não consiste no batismo nas águas, ao contrário, é a identificação com Cristo em tudo quanto Ele fez em Sua morte e em tudo Ele obteve na Sua ressurreição.

Essa união espiritual com Cristo, como disse acima, pressupõe algum contato e intercomunicação genuína com Cristo, através do Espírito Santo.

Paulo usa a expressão: "mortos para o pecado", esta expressão torna-se chave para a santificação do crente. A morte do crente para o pecado consiste numa separação para Deus, para o uso exclusivo do Senhor. Fomos identificados com Cristo na Sua vida e na Sua morte (Rm 6). Essa morte para o pecado, Paulo alude no capítulo 6 de que foi crucificado o nosso velho homem, isto é, a natureza antiga, o homem não regenerado, denota assim a natureza do pecado nos homens, a sua natureza carnal.

O batismo não tem simplesmente uma determinada significação, mas testemunhando para além da sua materialidade, ele é comunicação do novo nascimento e da realidade eterna; não é a graça "em si", mas é, em tudo e por tudo, meio de graça.

O apóstolo Paulo traz sempre em mente a morte para definir a santificação. Em Gálatas 2:20 ele diz: "... logo já não sou eu quem vive, mas Cristo vive em mim", é a sua morte espiritual para tudo que destrua sua comunhão com Deus. A expressão "Cristo vive em mim" apresenta total reinado do Senhor na vida de Paulo, é Cristo na vida de Paulo, dominando-o, exercendo total senhorio.

Ao contrário disso, Paulo alerta em Romanos 6:12 "não reine no vosso corpo mortal o pecado"; e a expressão no original é "Basiléia", fazer reinar, ser rei ou possuidor ou legislador, isto dá mais significado ao apelo de Paulo: " Não permitais que o pecado seja o possuidor, o ditador das leis no vosso corpo mortal".

O apóstolo Paulo ensina sobre o poder que vem da "ressurreição", ela dá ao pecador "poder" de obedecer à ordem divina que lhe manda aborrecer o mal e amar o bem.

Este "poder da obediência" é a graça divina; graça que anula o pecado e, juntamente com ele, todas as possibilidades, recursos e meios que a criatura humana imagina ter, ou cria e desenvolve, para se aproximar de Deus, e ganhar a vida eterna.

CONSIDERAÇÕES FINAIS

A presente obra procurou discutir o processo de santificação do cristão tendo como ponto de partida a cruz de Cristo. Em resposta ao problema proposto, procuramos construir nosso objeto, nos termos da relevância da cruz no processo de santificação.

De forma específica, buscamos esclarecer a importância da cruz no processo de santificação do cristão e seus resultados.

Expondo de uma forma exegética e em análise bíblica essa importância da cruz na santificação nos escritos de Paulo e nas exortações do próprio Jesus aos seus discípulos

Inferiu-se que a santificação é uma realização divina, por meio de Cristo e através do Espírito Santo.

Ela consiste na comunhão mística com Cristo e depende do valor da expiação pelo Seu sangue derramado no Calvário. Ela é realizada mediante a palavra de Deus (Ef 5.26).

Portanto, a santificação refere-se ao processo que leva o crente a tornar-se uma pessoa santa, dedicada, baseada em um início implantado quando da conversão, judicialmente diante de Deus, mas também concretizado nele, através de sua transformação moral.

O alvo é a perfeita realização dessa santidade no indivíduo, de modo que a própria santidade de Deus Pai seja plenamente absorvida, conforme Mateus 5.48: "sede vós, pois, perfeitos, como perfeito é o vosso Pai que está nos céus".

O resultado da obra santificadora que Deus realiza na vida cristã será manifestado por meio de um afastamento progressivo do mal e da prática consciente do pecado, por um apego cada vez maior às coisas divinas e pela prática de boas obras que refletirão o amor de Deus em nós expresso através do nosso amor ao semelhante, não em palavras, mas através de ações concretas, de atos de misericórdia.

“Ninguém anela pela vida eterna, incorruptível e imortal, a menos que esteja cansado de sua vida temporal, corruptível e mortal”

(Agostinho)

REFERÊNCIAS:

BÍBLIA, Português. *Bíblia de estudo.* Tradução de João Ferreira de Almeida. Edição rev. e atualizada no Brasil. Brasília: Sociedade Bíblia do Brasil, 1999.

BÍBLIA. Português. *Bíblia de estudo Thompson.* Tradução de João Ferreira de Almeida. Edição rev. e corr. Compilado e redigido por Frank Charles Thompson. São Paulo: Vida, 1992.

BERKHOF, Louis. *Teologia sistemática.* São Paulo: Cultura Cristã, 2007.

CHAMPLIN, R. N. *O Antigo Testamento interpretado versículo por versículo.* 2. ed. São Paulo: Hagnos, 2001.

GRUDEM, Wayne A. *Teologia sistemática atual e exaustiva.* Editora: São Paulo: Vida Nova, 2009.

GUTHRIE, Donald. *Hebreus introdução e comentário.* São Paulo: S.R.E. Editora Vida Nova. A. R. E. Mundo Cristão, 1984.

SIMMONS, T. P. *Um estudo sistemático da doutrina bíblica lógica:* uma disposição e um tratamento diligente dos ensinamentos da palavra santa de Deus. Presidente Prudente: Palavra Prudente, 2013.

THIESSEM, H. C. *Palestras introdutórias à teologia sistemática.* São Paulo: IBR, 1987.

TASKER, R. V. G. *Mateus:* introdução e comentário. Vol. 1, São Paulo: S. R. E. Vida Nova e A.R.E, 1984. Id. 1984, p

WILLIAMS, J. Rodman. *Teologia sistemática:* uma perspectiva pentecostal. São Paulo: Editora Vida, 2011.

SHEDD, P. Shedd. *Lei, Graça e Santificação.* São Paulo: Editora Vida Nova, 2ª ed. 1998, Reimpressão de 2004.

https://dicionariodoaurelio.com/consciencia. Publicado em: Abril, 19, 2018. Última atualização Julho, 29, 2018

WHITE, Jerry. *Honestidade, Moralidade & Consciência.*

Rio de Janeiro: JUERP - Junta de Educação Religiosa e Publicações, 1ª ed. 1984, p 23-24 Id., 1984, p 26

SPROUL, R.C. *Verdade de Cruz.* Traduzido do original Inglês The Truth of the cross.

Reformation Trust Publishing, Lake Mary, Florida, 2007.

https://resumidamente.blogs.sapo.pt/87241.html. O que é o Ser? A questão filosófica em questão. Publicado em Janeiro de 2018

FRIBERG, Barbara &Timothy. *O Novo Testamento Analítico.* São Paulo.

Editora Vida Nova, 1º Ed. 1987 – Reimpressão 2007.

ISBN 978-85-275-0173-6

MOULTON, k. Harold. *The Analytical Greek Lexicon Revised.* Zondervan Publishing House, Gran Rapids, Michigan. USA. 1982

HESSION, Roy. *A Senda do Calvário.* Rio de Janeiro: Editoria Betânia, 4ª ed. 1979, pg 31

GUTHRIE, Donald. *Gálatas – Introdução e Comentário.* Trad. Gordon Chown. São Paulo: Editora Vida Nova, 1ª Ed 1984, Reimpressão 2011.

NORRIS, Leon L. *Lucas – Introdução e Comentário.* Trad. Gordon Chown. São Paulo: Editora Vida Nova, Ed 1984

CHAMPLIN, R. N. *O NovoTestamento interpretado versículo por versículo.* 2. ed. São Paulo: Hagnos, 2001.Vol. 1

SOBRE OS AUTORES:

Wiviane Leandra Oliveira Duarte Cardoso - Graduada em Teologia. Pós-graduanda em Teologia Sistemática pela Faculdade Assembleiana do Brasil (FASSEB). E-mail: wivianecardoso@outlook.com.

Marcelo Chevrand - Teólogo. Bacharel em Teologia. STCRJ (Seminário Teológico Congregacional do Rio de Janeiro). Graduando em Pedagogia (Uniasselvi-São Luis – MA). Pós-Graduando em Gestão Escolar (Uniasselvi- São Luis – MA). Professor de Grego, Hebraico, Análise Bíblica (AT e NT). Professor de Inglês, Ensino Religioso e Capelão do Educandário Ágape – São Luis – MA. E-mal: família_chevrand@hotmail.com

Printed by Books on Demand GmbH, Norderstedt / Germany